M. Birkner, Und leb aus seiner Nähe

MATTHIAS BIRKNER

UND LEB AUS SEINER NÄHE

SCHRITTE MIT GOTT

Taufe

 Buße

 Kommunion

 Firmung

 Eheschließung

 Lebensberufung

 Krankensalbung

 Tod

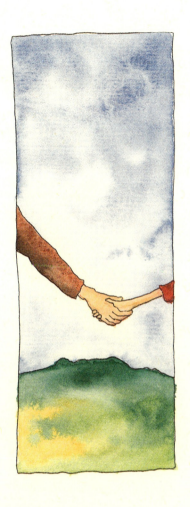

Dieses Buch gehört

....

Geboren am

....

*F*ürchte dich nicht,
denn ich rufe dich
bei deinem Namen,
mein bist du.

Die Ströme werden
dich nicht überfluten,
die Feuer dich nicht verbrennen,
denn ich bin mit dir.

nach Jesaja 42

ICH BIN GETAUFT

am ....

in der ....

von ....

in ....

Meine Taufpaten sind:

....

....

....

Kleid und Licht
und Salböl und ein Ja,
so möge Gott dir nahe sein.

Noch hör ich nicht dein Fragen
nach den Dingen,
und doch - dein Blick,
kaum ein paar Wochen alt,
zart und erschüttert,
sagt mir, daß du meine Fragen teilst.

Ich will dich nicht
mit Niedlichkeit bedecken.
Mir ist, als bist du meine Tür zur Welt,
zum Erdenschweigen und
zur Angst der Nächte,
zum Himmelslachen und
zum Sinn der Zeit.

Wir wollen dich nicht einfach überschütten
mit Antworten,
die Steine sind statt Brot,
doch Menschen sein, die deine Fragen teilen,
und uns erinnern an den Grund der Welt:
des Erdenschweigens und
der Angst der Nächte,
des Himmelslachens
und des Sinns der Zeit.

Du sagst, was du angerichtet hast -
du willst den anderen endlich
wieder unbefangen ansehen können.
Der hat es längst gespürt,
daß etwas nicht stimmt.
So kann es geschehen,
daß der andere mit dir zusammen
erleichtert ist,
und ihr atmet gemeinsam auf.

Guter Vater,
ich sage dir, was mir leid tut.
Schenke mir viel Kraft,
damit ich darüber auch
mit demjenigen sprechen kann,
vor dem ich mich schäme.
Amen.

*Das Bußsakrament
habe ich zum ersten Mal empfangen*

am ....

von ....

in der .... Gemeinde

Nicht ertragen kann ich die Vorwürfe,
die ich mir mache.
Sie schlagen über mir zusammen,
und wie eine schwere Last
drücken sie mich zu Boden.
Ich schleiche bedrückt herum,
und meine Freunde
scheinen mir aus dem Weg zu gehen.

Ich sitze unbeteiligt wie einer,
der taub ist;
was ich antworten könnte,
fällt mir nicht ein,
und ich habe denen
nichts entgegenzuhalten,
die mich bedrängen.

Doch jetzt spüre ich dich,
da ich auf einen warte,
der schweigen kann,
der sich nicht auch noch gegen mich stellt.
Du teilst meine Nacht.
Du hörst, was ich kaum sagen kann,
und du sprichst aus,
was meine Mauern sprengt.

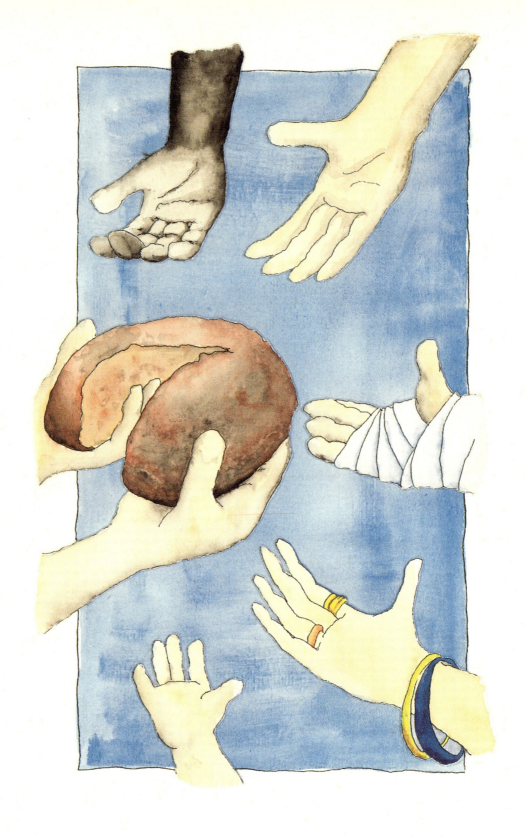

*J*esus lebte nicht für sich allein.
Er teilte Gottes Güte aus -
in seinem Reden und Tun.
Seine Freundschaft veränderte
das Leben der Menschen, die er traf:
Kinder, Kranke,
Menschen, die traurig waren,
und auch Leute, die verachtet wurden.

Und jeder merkte:
so ist Gott uns nahe.

Wenn wir das Brot teilen,
dann wissen wir:
so teilt Gott seine Güte aus,
so teilte Jesus sein Leben mit anderen,
und so wollen wir teilen mit allen,
die uns brauchen.

Meine Erste Heilige Kommunion

war am ....

in der Gemeinde ....

*I*n der Zeit ohne Regen,
wenn die Dinge steinern werden,
in der Zeit ohne Tau,
wenn die Lebendigkeit
dem Selbstverständlichen weicht,
in dieser Zeit ist es gut für dich,
loszulassen,
was du erstritten und umklammert hast.

Löse dich aus dem Netz, das du dir gebunden hast,
wage den Schritt heraus aus den Gängen,
in deren Windungen du gesichert bist
und nichts zu fürchten brauchst.

Du wirst die Wüste spüren.
Doch mögest du erfahren, was dich wirklich nährt.
Möge dir das Unschätzbare
des Selbstverständlichen begegnen,
des Freundseins,
der Hilfe,
des Verzeihens.
Mögest du ahnen,
daß du dir nicht nehmen kannst,
was du nicht empfängst.

AM BACH KERIT (1. Buch der Könige 17, 1-6)

In den Jahren, da in Israel weder Tau
noch Regen fielen,
führte Gott Elija zum Bach Kerit in die Wüste.
Ein Rabe nährte ihn, und er trank aus dem Bach.

Sende aus deinen Geist,
und das Antlitz der Erde wird neu.

nach Psalm 104

MEINE FIRMUNG

war am ....

in ....

Mein Firmpate heißt

....

Mein Firmname ist

....

*L*eben aus dem Heiligen Geist
                      ist für mich wie

        eine Brücke über eine Schlucht,
    das Wachsen eines großen alten Baumes,
frisches Grün an einem Baumstumpf,
      die Stille in der Einsamkeit,
         das Lachen eines Clowns,
            die Bewegung einer Tänzerin,
      die Freude eines Kindes,
das Gespräch über die Grenzen der Sprachen hinaus,
    unser Verliebtsein,
        ein großes brennendes Feuer.

(aus einer Firmgruppe)

*G*ott, der nach seinem Bilde
aus Staub den Menschen macht,
hat uns seit je zur Freude
einander zugedacht.
Er fügt euch nun zusammen,
läßt Mann und Frau euch sein,
einander Wort und Treue,
einander Brot und Wein.

(Gotteslob Nr. 74)

*D*EN *B*UND DER *E*HE HABEN GESCHLOSSEN

....

und ....

am ....

in der .... Kirche

zu ....

Trauzeugen: ....

Priester: ....

Mein Freund kommt zu mir!
Ich spür's, ich hör ihn schon!
Über Berge und Hügel eilt er herbei.
Dort ist er - schnell wie ein Hirsch,
wie die flinke Gazelle.
Jetzt steht er vorm Haus!
Er späht durch das Gitter,
schaut zum Fenster herein.

Der Geliebte sagt zu mir:
meine Freundin, steh auf,
komm doch, meine Schöne!
Laß mich dein Gesicht anschauen
und deine Stimme hören!

Mein Geliebter ist mein,
und ich gehöre ihm!
Leg mich an dein Herz wie ein Siegel.
Die Liebe ist stark wie der Tod,
unüberwindlich wie die Unterwelt
ist die Leidenschaft.

Kein Wasser kann die Liebe löschen,
keine Flut schwemmt sie hinweg.
Wollte jemand sie kaufen
mit dem ganzen Reichtum seines Hauses,
man würde ihn nur verachten,
denn er kennt sie nicht.

(Hohelied 2,8-10.14.16a; 8,6-7)

Als ich dein Rufen wahrnahm,
deine Bewegung, Gott, in meinem Alltag,
floh ich mit dir in heilige Winkel,
und ich wünschte, du würdest mich herausnehmen
aus allem.
                    Doch du hast mich
        in den tickenden Alltag zurückgleiten lassen.
            Ich sitze am Küchentisch - ohne Kerze
und schaue auf das Geschirr, das noch abzuwaschen ist.
                Die Kinder sind im Bett,
        vielleicht werde ich nachher noch fernsehen.

Gott, es dauerte eine Zeit, ehe ich verstand,
daß du in Brot und Wein
ganz alltägliche Dinge genommen hast,
um zu sagen: Hier bin ich da.
Ich schaue auf die Alltäglichkeit um mich herum:
die Papiere in meiner offenen Aktentasche,
unser Hinterhof, die Myrte im Fenster,
die Gardinen im Vorderhaus ...

    »Gottheit tief verborgen, betend nah ich dir.
    Unter diesen Zeichen bist du wahrhaft hier.«
Ich ahne: Ich habe es dem Pfarrer untergeschoben,
        die Zeichen deiner Nähe zu »verwalten«.
Doch ich bin es ja selbst in den Dingen um mich,
den selbstverständlichen und kaum geachteten,
                in meiner gewohnten Liebe,
                in Brot und Wein meiner Jahre...

Vater, ich beginne zu ahnen,
wie nahe du bist
im tickenden Leben.

Gott, die Krankheit hat mich verändert.
Fragen bedrängen mich, die ich nicht kannte.
Bisher lief alles von alleine,
nun denke ich,
mein Leben ist gescheitert,
meine Chance ist vertan.
Gott,
jetzt, wo ich nicht anders kann,
da ich mich an dir festhalten möchte
und neu anfangen möchte zu leben,
da gibst du mir dies Zeichen,
daß ich nicht ins Endlose falle.
Du hast mir die Angst nicht genommen,
doch du umfingst sie.

ICH EMPFING DIE KRANKENSALBUNG

am ....

durch ....

*I*ch steh vor dir mit leeren Händen, Herr.
Fremd wie dein Name sind mir deine Wege.
Seit Menschen leben, rufen sie nach Gott.
Mein Los ist Tod, hast du nicht andern Segen?
Bist du der Gott, der Zukunft mir verheißt?
Ich möchte glauben, komm mir doch entgegen.

Sprich du das Wort, das tröstet und befreit
und das mich führt in deinen großen Frieden.
Schließ auf das Land, das keine Grenzen kennt,
und laß mich unter deinen Söhnen leben.
Sei du mein täglich Brot, so wahr du lebst.
Du bist mein Atem, wenn ich zu dir bete.

(Gotteslob Nr. 621)

....

verstarb am ....

in ....

und ist auf dem

....beerdigt.

Die Deutsche Bibliothek - CIP-Einheitsaufnahme
Birkner, Matthias:
Und leb aus seiner Nähe : Schritte mit Gott /
Matthias Birkner. - Leipzig : Benno-Verl., 1996
ISBN 3-7462-1173-5

Text und Illustration: Matthias Birkner
Gestaltung: Ulrike Vetter
Druck und Binden: Druckerei zu Altenburg
© St. Benno-Verlag Leipzig, 1996
ISBN 3-7462-1173-5